AF358327

LES

OFFICIERS MUNICIPAUX

(1773-1789)

PAR L. LEPEZEL

MONTMÉDY

IMPRIMERIE DE PH. PIERROT

1894

LES

OFFICIERS MUNICIPAUX

(1773-1789)

L'édit de Louis XV du mois d'octobre 1771, relatif à la création *d'offices municipaux* dans toutes les villes des anciens duchés de Lorraine et de Bar, supprima jusqu'au dernier vestige des libertés communales dont les habitants de Longuyon jouissaient depuis 501 ans, en vertu de leur charte de 1270.

Au maire et aux gens de justice *élus* chaque année par les bourgeois il substituait des officiers publics *nommés* par le pouvoir central, titulaires de leur charge comme le sont encore aujourd'hui les notaires, les greffiers, les huissiers et les autres *officiers* ministériels.

Cette innovation heurta tellement les habitants de Longuyon, que, faute de candidats aux nouveaux offices, l'édit resta lettre morte pendant près de deux ans.

Et comme il fallait cependant que le service se fît, on procéda dans les formes anciennes, mais à la date du 31 décembre 1772, à l'élection des gens de justice pour l'année suivante : Jean-Pierre Périnet fut le dernier maire *élu* de Longuyon avant la Révolution :

31 décembre 1772. Les maire, gens de justice élus, hommes quarante et les autres bourgeois composant la communauté de Longuyon étant assemblés en l'hôtel commun de ladite ville, et sur ce qu'il ne s'est présenté jusqu'à présent aucune personne pour remplir les charges d'officiers municipaux en exécution de l'édit du Roi du mois d'octobre 1771, pour exercer la police en cette même ville, il a été procédé *provisoirement* à l'élection d'un maire, sous le bon plaisir de Sa Majesté, conformément aux Chartes, d'un lieutenant maire, de six échevins et d'un doyen, pour exercer comme dit est, la police comme d'ancienneté en cette dite ville, soutenir les droits de la communauté, jusqu'à ce qu'il y aura des officiers en finance en nombre suffisant pour l'exercer conformément au susdit édit, et l'on a élu pour maire la personne de Jean-Pierre Périnet, Pierre Boulet pour lieutenant maire, Jean Siméon, de Noërs, pour premier échevin, qui commandera audit Noërs et y fera exécuter les ordres du maire et de la justice pour le service de Sa Majesté, et l'exercice de la police audit lieu ; Pierre Boulle, second échevin, Nicolas Curé l'aîné, troisième, Charles Collignon, Guillaume Milliard et Jacques Perceval, aussi pour échevins, suivant leur ordre et Nicolas Nevin pour doyen.............................
(Archives de l'hôtel-de-ville, BB, 42, n° 59.)

Il résulte de cet acte que les gens de justice de l'année 1773 paraissent avoir été élus au suffrage universel *direct* des bourgeois, contrairement aux dispositions de la Charte de 1270, qui avait organisé le suffrage à deux degrés, ou plutôt la nomination du corps municipal par des délégués de la bourgeoisie ; néanmoins le principe de l'élection avait été respecté, puisqu'en somme, la ville était représentée par ses élus.

Il en résulte aussi que le procès-verbal du 31 décembre 1772 est calqué sur l'Edit de 1771, en ce sens que les magistrats municipaux adjoints au maire et à son lieutenant y sont désignés pour la première fois sous le nom exclusif d'*échevins*. Avant 1773, les

magistrats municipaux s'appelaient plus généralement *gens de justice*, parce que, outre qu'ils repré-
sentaient la communauté des bourgeois, ils formaient
un Tribunal qui avait une certaine compétence en
matière civile et de police et qui rendait de véritables
jugements : la séparation des pouvoirs administratifs
et judiciaires ne date que de la Révolution.

Les officiers municipaux créés en 1771 par le pouvoir absolu devaient *financer leur office*, c'est-à-dire
verser, pour et avant leur nomination, une somme de
2000 livres *au Trésor royal*. Par contre, sans comp-
ter les privilèges dont ils jouissaient, ils touchaient
une rétribution annuelle de 100 livres *sur les fonds
de la ville de Longuyon*. C'était précisément l'intérêt à 5 0/0 de la somme qu'ils déboursaient.

Mais l'argent était rare et cher au XVIII° siècle,
surtout dans les campagnes, et la fortune mobilière à
peu près inconnue. Et comme, pour cette raison,
personne ne se présentait, on imagina ce que l'on
appelait des *officiers par commission*. Ils étaient
fonctionnaires et non pas *titulaires* ; ils ne versaient
rien au Trésor, mais ne recevaient pas de *gages*, et
n'étaient nommés que provisoirement, en attendant...

Il devait y avoir à Longuyon un maire royal, trois
échevins, un procureur du Roi et un secrétaire-greffier. A force de sollicitations et de recherches, on en
trouva. L'Intendant de Lorraine et Barrois le fit savoir en ces termes à M. Jean-François Dewal, seigneur de Fermont, Montigny, ban de Viviers et la
fontaine Saint-Martin, lieutenant-général au bailliage de Longuyon :

Nancy, ce 9 juillet 1773.

Je vous envoie, Monsieur, les brevets que le Roi a accordés
aux sujets que j'ai proposés pour exercer par commission les
offices de municipalité et de police, qui ne sont pas levés
dans votre ville ; je vous prie de les leur remettre et pour
leur éviter les frais d'un voyage ici, vous autorise à leur faire
prêter serment en la forme ordinaire ; vous ferez ensuite enre-
gistrer les brevets à l'hôtel-de-ville, ainsi que l'acte de pres-

tation de serment, et vous ferez donner bonne et suffisante caution au receveur, conformément à ce qui est prescrit par les brevets ; je suis très parfaitement, Monsieur, votre très humble et très obéissant serviteur.

de la Galaizière.

BB. 54, n° 11.

Ces brevets, en date à Versailles du 28 juin 1773, portaient les nominations suivantes :

Jean-Baptiste Maillefer, avocat, Procureur du Roi au bailliage de Longuyon, était nommé maire royal et chef de police de la ville de Longuyon ;

François Labbé, premier échevin ;

Louis Siméon, second échevin ;

Henry Collignon, troisième échevin, receveur des octrois et deniers patrimoniaux de la ville ;

Jean Husson, procureur du Roi ;

Léonard Charin, secrétaire-greffier.

Voici en résumé la teneur des lettres patentes de Louis XV expédiées à Jean-Baptiste Maillefer ; les cinq autres sont identiques :

Louis............ Bien informé que nous sommes de votre probité, capacité, suffisance, fidélité et affection à notre service, et âge compétent, nous vous avons commis, et par ces présentes, signées de notre main, vous commettons pour faire l'exercice et les fonctions de notre conseiller maire royal, chef de police de la ville de Longuyon, et ce, tant qu'il nous plaira, notre intention étant que la présente commission n'ait lieu que provisoirement et jusqu'à ce que nous ayons pourvu dudit office un titulaire. Mandons au sieur intendant et commissaire départi pour l'exécution de nos ordres en nos duchés de Lorraine et de Bar qu'après qu'il lui sera apparu de votre religion catholique apostolique et romaine et âge compétent, et qu'il aura pris et reçu de vous le serment en tel cas requis et accoutumé, il ait à vous faire installer et admettre en la présente commission et à vous en faire jouir pleinement et paisiblement, en conformité de notre dit édit, aux fonctions, prérogatives, privilèges et droits y attribués, cessant et faisant cesser tous troubles et empêchements contraires. Car tel est notre plaisir...

Les officiers municipaux prêtèrent serment le 19 juillet 1773 entre les mains de M. Dewal, et le 22 juillet, Henry Collignon fournit pour caution de sa comptabilité François Guillaume, marchand, riche bourgeois de Longuyon, fermier du domaine royal, qui s'engagea jusqu'à concurrence d'une somme annuelle de mille livres au cours de France, « la recette que ledit Collignon a à faire n'étant pas présumée excéder cette somme. »

Dès le 19 juillet, le maire royal « informé que la justice ne peut être remplie sans qu'il y ait un huissier pour l'exécution de ses ordres et pour exploiter » avait nommé huissier de la municipalité et de la police François Herment, huissier au bailliage royal de Longuyon, pour en faire les fonctions par provision et jusqu'à ce qu'il en aura été autrement décidé par Sa Majesté.

Le 22 juillet, le maire et les échevins nommèrent Denis Henry commissaire de police et visiteur des boucheries et comestibles qui seront exposés en vente tant sur les foires que marchés, et sergents de ville et de police Jean-Nicolas Lambert et François Lefèvre, aux gages chacun de 48 livres de France, outre leur habillement.

Jean Husson n'exerça ses fonctions de Procureur du Roi que pendant quatre mois. Le Roi révoqua sa commission et nomma à sa place, le 13 novembre 1773, Pierre Mangin, greffier en chef au bailliage de Longuyon, qui avait *financé son office*, et qui, par suite, en devint titulaire. Le 27 du même mois, il prêta serment « de bien et fidèlement et en honneur s'acquitter des fonctions dudit office de Procureur du Roi en la ville et communauté de Longuyon, de veiller aux droits et intérêts de ladite communauté et au maintien de la police en icelle. »

Voici la copie de la quittance de 2000 livres à lui délivrée et un extrait de son acte de nomination :

J'ai reçu de M. Pierre Mangin la somme de deux mille livres pour la finance de l'office de Procureur du Roi de la ville de Longuyon, créé par édit du mois d'octobre 1771, vérifié où besoin a été, pour par ledit sieur Mangin jouir de cent livres de gages, conformément à l'état annexé audit édit, et en outre, de tous les honneurs, rangs, séances, fonctions, droits, émoluments, privilèges, prérogatives, exemptions et attributions portés par ledit édit, laquelle somme à moi payée le 27 octobre dernier. Fait à Paris le quatrième jour du mois de novembre 1773. Bertin.

Quittance du trésorier des revenus casuels, enregistrée au greffe de la municipalité de la ville de Longuyon, par le secrétaire-greffier soussigné, le 27 novembre 1774.

L. Charin.

BB. 54, nº 15.

Louis.................... pour ledit office avoir, tenir, et dorénavant l'exercer, en jouir et user conformément à nos édits et déclarations, ensemble aux honneurs, pouvoirs, libertés, fonctions, autorité, privilèges, rang, séance, franchises, immunités et prérogatives dont jouissent et ont droit de jouir les officiers des hôtels communs de nos états de Lorraine et de Bar, notamment de l'exemption de la taille personnelle, des corvées des ponts et chaussées, tutelle, curatelle, nomination à icelles, de logement des gens de guerre, contribution à iceux, guet et garde de milice, tant pour lui que pour ses enfants, et de toutes autres charges de ville et de police énoncées en l'article 21 de notre édit du mois d'octobre 1771, ensemble de cent livres de gages, à prendre par préférence sur les revenus patrimoniaux et d'octroi de ladite ville et communauté de Longuyon...

Un quatrième office d'échevin ayant été créé, François Guillaume le *finança* et en fut pourvu le 16 mars 1785.

BB. 64, nº 25.

On lui expédia un brevet semblable à celui de Pierre Mangin, mais la question s'éleva aussitôt de savoir s'il ne devait pas y avoir une différence entre lui et ses collègues, qui n'avaient qu'une simple commission, car aucun des autres offices n'avait été levé.

Consulté sur ce point, l'Intendant Jean-Baptiste

François Moulin de la Porte, successeur de M. de la Galaizière, répondit :

L'édit de 1771, Messieurs, ayant créé trois offices d'échevins pour la ville de Longuyon, et celui dont le sieur Guillaume vient de se faire pourvoir n'ayant jamais été rempli, la levée de cet office ne doit point déranger la composition actuelle du corps municipal ; tout ce qui peut résulter de cette circonstance c'est que le sieur Guillaume doit *précéder* les deux échevins par commission, mais ces officiers n'ayant point démérité, il est de justice, de les conserver dans leurs fonctions jusqu'à ce que quelqu'un se présente pour financer les offices qu'ils exercent par commission. Je suis très parfaitement, Messieurs, votre très humble et très obéissant serviteur.

de la Porte.

A Messieurs les officiers municipaux, à Longuyon.

BB. 64, n° 40.

François Guillaume avait donc la préséance sur ses *trois* collègues et non sur ses *deux* collègues, comme l'écrit l'Intendant par suite d'une erreur évidente. Il est certain, en effet, que sa nomination porta à *quatre* le nombre des échevins. En marge de la transcription de sa commission sur le registre des délibérations, le secrétaire-greffier écrivit « nouvelle création » et il ne fut nommé en remplacement d'aucun des trois autres, qui continuèrent à siéger à l'hôtel-de-ville. Tous les registres en font foi, notamment l'acte suivant, qui se trouve au registre BB. 64, n° 63 :

Nous, officiers municipaux et de police, en conséquence de la démission du sieur Pochonnet de sa commission de greffier de la municipalité, avons provisoirement commis le sieur Baalon pour commis-greffier, lequel a accepté. Longuyon le 17 août 1789. Liby, Guillaume, Apelle, L. Mangin, H. Collignon, Mangin.

Liby est le maire, les quatre suivants sont les échevins; le dernier est le Procureur du Roi.

Voici le tableau synoptique des officiers municipaux de Longuyon depuis leur création jusqu'à la Révolution :

Jean-Baptiste Maillefer, nommé maire royal le 28 juin 1773. Démissionnaire. — Remplacé par Jean-François Duhoussoy, nommé le 25 mars 1781. Démissionnaire. — Remplacé par Nicolas-Joseph Jénot, installé le 16 avril 1784. Révoqué. — Remplacé par Jean-Nicolas Liby, nommé le 14 novembre 1787.

François Labbé, nommé premier échevin le 28 juin 1773. Démissionnaire. — Remplacé par Charles-Joseph Lhote, nommé le 28 janvier 1782. Révoqué. — Remplacé par Jean-Baptiste Apelle le 14 novembre 1787.

Louis Siméon, nommé second échevin le 28 juin 1773. Démissionnaire. — Remplacé par Louis Mangin, nommé le 25 mars 1781.

Henry Collignon, nommé 3e échevin le 28 juin 1773.

François Guillaume, nommé 4e échevin le 16 mars 1785.

Jean Husson, nommé Procureur du Roi le 28 juin 1773. Révoqué. — Remplacé par *Pierre Mangin*, nommé le 13 novembre 1773.

Léonard Charin, nommé secrétaire-greffier le 28 juin 1773. Démissionnaire. — Remplacé par Henry-Louis Pochonnet, nommé le 25 mars 1781. Démissionnaire. — Remplacé provisoirement par Nicolas Baalon le 17 août 1789.

N. B. — Les noms *en italique* sont ceux des officiers *titulaires*.

Le premier acte de la nouvelle municipalité fut de se faire remettre les archives. Jean-Pierre Périnet s'exécuta de bonne grâce pour le coffre à trois serrures renfermant les titres de la ville, mais il n'en fut pas de même de Pierre Mangin, qui, en sa qualité de greffier de l'ancienne police, était détenteur d'un grand nombre de pièces, dont il avait la prétention de rester dépositaire.

Pour vaincre sa résistance, François Labbé le dénonça au Procureur du Roi, qui requit contre lui. M. Dewal vint à l'hôtel-de-ville et lui enjoignit de s'en dessaisir dans les vingt-quatre heures, sous peine de vingt-cinq francs d'amende par chaque jour de retard.

C'était arbitraire, mais très expéditif : Pierre Mangin céda et le conflit fut apaisé.

Énumérer les actes d'administration des officiers municipaux serait fastidieux et sans intérêt. Il importe seulement de constater que s'ils endettèrent la ville, ils firent surtout des travaux urgents d'assainissement et d'amélioration. Ils firent paver les rues principales et le devant des maisons, sur deux mètres de large, réparer l'hôtel-de-ville et les lavoirs publics, exhausser la digue d'entre les deux rivières pour prévenir les inondations de la Chiers, et construire des écoles au rez-de-chaussée de la « maison commune. »

Ils se préoccupèrent aussi d'asseoir leur autorité et de faire oublier leur origine en édictant un réglement de police draconien, à l'application duquel ils surent tenir la main. On lit dans ce réglement le passage suivant, qui est significatif :

Et comme les bourgeois de cette ville sont accoutumés à l'indépendance et à tourner en dérision les ordres des officiers municipaux qu'ils établissaient eux-mêmes, *désordre qui parait vouloir se continuer*, leur enjoignons de se rendre aux ordres de la Chambre ou du chef de police, à peine, en cas de refus, de trois livres d'amende.

BB. 57, n° 1.

Le sergent de police n'était pas exact dans son service et s'enivrait fréquemment. Les officiers municipaux le suspendirent une première fois pour quinze jours, avec défense de « porter l'habit » ; une autre fois, en 1780, ils prononcèrent contre lui une peine plus forte :

16 janvier 1780. Sur les plaintes qui nous ont été portées à la Chambre par le sieur François Labbé, premier échevin, de l'état d'ivresse qu'il a rencontré François Lefèvre, l'un des sergents de police, et du scandale qu'il a donné dans cet état au public le 6 décembre de l'année dernière, la Chambre, après avoir ouï le Procureur du Roi et ledit Lefèvre en son aveu, faisant droit sur les réquisitions dudit Procureur du Roi, a condamné ledit François Lefèvre à tenir prison pendant vingt-

quatre heures. avec injonction d'être plus circonspect dans sa conduite, sous peine plus grande.

BB. 61, n° 74.

Les habitants de Longuyon étaient tenus de balayer devant chez eux. Plusieurs ne l'ayant pas fait, le sergent de police en rendit compte :

16 janvier 1774. François Lefèvre fait rapport qu'on n'a pas balayé la rue devant les maisons de la veuve Boulanger, Pierre Adam, perruquier, la veuve Charpentier, Jean Willette, devant la grange de M. de Gorcy ainsi que celle du Chapitre, ensuite de quoi il leur a signifié l'amende à un chacun, de même qu'à la *gouvernante* de M. de Gorcy, et à *celle* de messire Mangin, chanoine.

Cette fois, François Lefèvre avait été prudent, puisqu'il avait verbalisé contre la servante de M. de Gorcy, seigneur du Picon, et contre celle du chanoine procureur du Chapitre ; il supposait sans doute qu'un seigneur et un chanoine n'avaient pas à se conformer à un réglement des gens du *troisième état*. Les officiers municipaux, qui émanaient directement du Roi, furent plus catégoriques :

Nous avons condamné la veuve Boulanger, Pierre Adam, la veuve Charpentier, Jean Willette, *Monsieur de Gorcy et Messieurs du Chapitre* chacun à un franc six gros d'amende ; à eux enjoint de se conformer dans la suite au réglement de police.

BB. 58, n° 34.

Il se montraient même d'une sévérité exagérée pour des vétilles.

Il était interdit de faire des annonces dans les rues avant de les avoir soumises au maire. Sauf cette restriction, chacun était libre ; on prenait généralement, pour appeler le public, une pelle à feu, qui servait de tambour, et un tire-braise, qui servait de baguette. C'était ce qu'on appelait les annonces à la pellette. En voici une très anodine, qu'un jeune homme de Longuyon avait fait faire pour se divertir :

25 juin 1775. Jean-Nicolas Lambert fait rapport que ledit jour, environ les huit heures et demie du soir, il a fait rencontre du petit-fils de Léonard Philbert, bourgeois, résidant en cette ville, lequel annonçait au son de la pellette qu'il y avait d'arrivé dans cette ville un géant, qui s'appelait Monsieur Tropcourt, et logé à la Croix d'or, chez le sieur Gibou, aubergiste en cette même ville. Et ledit Lambert lui a demandé par quel ordre il faisait cette annonce, lequel lui a répondu qu'il y avait un monsieur botté devant la porte du sieur Courtois, procureur au bailliage de cette ville, qui l'avait chargé de cette annonce, et qu'il ne le connaissait pas. Et à l'instant que ledit petit-fils à Philbert est allé chercher ce monsieur qu'il disait lui être inconnu, lequel est venu à l'approche dudit sieur Lambert, et il s'est trouvé que c'était le fils à Monsieur Liby, receveur des consignations au bailliage de cette même ville, qui a déclaré se divertir et faire phrase publique, ne savoir ni avoir connaissance du réglement qui interdit l'annonce à la pellette sans l'autorisation du maire, en vertu de tout quoi ledit Lambert s'est saisi de la pelle à feu et du tire-braise, qu'il a déposés au greffe.....................

Le petit-fils à Philbert a été condamné à un franc six gros d'amende, et le sieur Liby père, comme *civilement* responsable des faits de son fils, à cinq francs *d'amende* par modération.

BB. 58 n°, 87.

Les délits ruraux étaient fréquents, malgré le grand nombre des gardes, Les pénalités qui les atteignaient frappant toujours des insolvables, on revint aux peines *exemplaires*, qui étaient tombées en désuétude :

22 juin 1781. Les officiers municipaux et de police étant assemblés en la Chambre ordinaire, sur les différentes plaintes à eux portées par plusieurs bourgeois que journellement on ravage les jardins et vergers, tantôt en arrachant les légumes qui y sont plantés et semés, tantôt en enlevant les fruits dans les vergers en fracassant les arbres et d'autres fois en conduisant du bétail qui ronge les légumes, il a été résolu, pour réprimer ce brigandage et punir les coupables, qu'il serait *rétabli* un carcan, attaché après un poteau, sur le pont de cette ville, où les convaincus seront condamnés à être atta-

chés suivant l'exigence des cas, ce qui sera publié et affiché
dimanche prochain, 24 du présent mois...................
BB. 61, n° 108.

Le carcan avait été fabriqué *avant* cette délibéra-
tion, mais je crois qu'au lieu de le mettre sur le pont,
on le plaça dans la rue de l'hôtel-de-ville, en face de
l'entrée du marché couvert actuel.

13 juin 1781. Avoir fait un carcan et fourni le poteau, 8
livres, somme payée à François Collignon, serrurier.
CC. 135, n° 86.

Gênés par une législation arbitraire, par le ban des
fenaisons, des moissons et des fruits champêtres, par
le terrage et la dîme des produits du sol, par des
taxes sur le sel, le pain, le vin et la viande, par des
monopoles bizarres comme par exemple celui de la
châtrerie et du riflage, par le repos obligatoire du
dimanche et des fêtes chômées, écrasés par les corvées des ponts et chaussées et par celles qu'on leur
imposait pour reconstruire ou réparer le moulin et le
four banal, les bourgeois de Longuyon avaient un
sort que n'affecteraient pas de leur envier certains
de leurs descendants du XIX⁰ siècle, s'ils vou-
laient essayer de s'en faire une idée. Les deux pièces
qui suivent leur feront voir comment on savait or-
ganiser l'enthousiasme le jour de la fête du Roi ou
de la naissance du fils aîné de Louis XVI :

21 août 1773. La Chambre assemblée, le Procureur du Roi
présent a remontré qu'il est d'usage de faire un feu de joie sur
la place et de tirer des boîtes le jour de Saint-Louis, avec illu-
minations dans toute la ville, en exécution de l'arrêt de la
Cour.............. En conséquence, il a requis qu'il fût
pourvu à cette dépense par un mandement à tirer sur les
octrois, de la somme à laquelle la Chambre fixera cette dépense
(sic), et qu'il fût ordonné à tous les bourgeois privilégiés et
non privilégiés d'avoir chandelle sur les fenêtres, à allumer
au premier coup de cloche, sous peine de vingt sols d'amende.
En conséquence, la Chambre a fixé la dépense à *quinze
livres deux sols* de France, pour laquelle sera donné mande-

ment sur le receveur ; enjoint à tous bourgeois de cette ville, privilégiés et non privilégiés, d'avoir chandelle sur les fenêtres, allumée au premier coup de cloche, pour y demeurer pendant au moins une demi-heure, à peine de vingt sols d'amende contre chaque contrevenant ; enjoint aux commissaire et sergents de ville de tenir la main à notre présente ordonnance.

Fait en la Chambre ledit jour.

Husson, Maillefer, F. Labbé, Louis Siméon, H. Collignon, L. Charin.

BB. 58, n° 13.

24 novembre 1781.......... Nous ordonnons que demain, vingt-cinq du présent mois, il sera fait des réjouissances et démonstrations publiques à l'occasion de la naissance de Monseigneur le Dauphin. En conséquence, les officiers municipaux assisteront avec toute la décence possible au *Te Deum* qui se chantera à l'issue des vêpres ; l'hôtel-de-ville sera illuminé au son des cloches, à six heures du soir, et chaque habitant illuminera également les fenêtres de leur maison pendant tout l'espace de temps que sonneront les cloches, sous peine de cinq francs d'amende au profit des pauvres, ce qui sera publié par un de nos sergents de ville dans toutes les rues et carrefours de la ville, afin que personne n'en prétende cause d'ignorance.

BB. 61 n° 139.

Longuyon, le 25 septembre 1893.